JN439480

하얀 박꽃

하얀 박꽃

김태경 시집

계간문예

| 시인의 말 |

마음속으로만 간직했던 지난 세월을 거치면서 보고 듣고 느낀 일들을 시로 써 놓고 보면서 몇 번이고 망설임에 머물다가 머리글을 쓰고 있다.

시인이 되고 싶었던 청소년 시절에 등단을 하였다면 시집을 내는 것에 대하여 이런 망설임은 없었을 것이다.

50여 년을 잊고 살다가 고희를 넘은 나이에 등단하여 기억을 더듬고 더듬어서 시인이 되겠다고 방황을 하면서 젊은 시절에 썼던 시를 기억나는 대로 찾아서 정리 후 등단의 문을 두드렸다.

등단 후에는 동인회에 가입하여 낭송회와 동인지에 발표한 시를 모아 시집을 출판하려다보니 겁부터 났다. 다른 시인들은 등단만 하면 1년도 안 되어 시집을 출판하는 것을 보면서 부럽기까지 했다.

등단 한지 7년이 되었는데도 시집 한 권도 못 내고 있는 바보 같은 나를 보았다.

왜냐하면 시집을 출판하려고 원고를 정리하다 보면 내가

쓴 시들이 설익은 과일 맛 같은 느낌이 들어서 시집을 출판해도 되는가 싶은 마음이었다.

그런데 칠십 중반을 넘고 보니 이러다가는 시집 한 권도 출판 못 하고 가는 시인이 될 것 같은 마음에 용기를 내서 이제까지 쓴 시를 모아 시집을 출판하기로 결심하고 이렇게 머리글을 쓴다.

가을 햇볕이 자나가는 길목에서 창문 밖으로 보이는 먼 산을 바라보다가 아름다운 자연의 모습에 도취 되어 가두어 두었던 나의 작은 모습을 독자분들께 보이려고 한다.

내 시를 읽는 분 중에서 한 분이라도 나의 마음과 동감을 갖는 한 행의 시구라도 있어 내가 느낀 감정이 전달되었으면 하는 것이 바람이다.

2018년 11월

김태경

■ 차례

1부
자연을 보는 마음의 노래

2부
자연이 풍기는 향기와 소리

3부
추억으로 맴도는 사랑

4부

아직도 마음에 남은 사랑

5부

무한 세월 속에 사는 인생

6부

생활에서 보고 느끼는 사연들

7부

사라진 고향을 그리는 마음

8부

여행과 관광에서 보았던 사연

9부
가정의 생활을 돌이켜 보는 마음

제1부

자연을 보는 마음의 노래

봄꽃들

봄바람의 다독임에
피지 않는 봄꽃은
하나도 없나니
다투어 피고 있다, 봄꽃들

길섶에 노란 민들레
밭두렁에 냉이꽃
울타리에 개나리 피니
뜰 안의 목련도 따라 핀다

가로수의 벚꽃이 피고
과수원의 복사꽃 화사하니
금수강산은
봄꽃들 세상이 된다.

수증기

지나는 바람이
꼬시면
따라 나서는 바람둥이다

구름 마차 태우면
바람 따라
하늘을 누비고 다니다가

어느 날 갑자기
바람에게
버림을 당하는 날이면

불빛을 토하고
대성 통곡하여
그 소리 천지를 놀랜다.

버들강아지

얼마나 눈보라에 시달렸으면
껍질 안에서도
머리가 이리도 하얗게 시었을까
버들강아지

개울가 얼음에 갇혔던
물소리 나자
껍질 벗고 내민 하얀 머리인가
버들강아지

겨울 잠 들었던 개구리
개울 속 누비자
봄의 간지러움에 기지개 켜는가
버들강아지

야생화
– 성주산 등산로에서 꺾인 야생화를 보고

봄 마중 나왔던 어미닭이
잃어버린 병아리들인가
등산로에 핀 노란 꽃 귀엽다

보살핌 없어
화려함은 없지만
오가는 길손의 마음 즐겁다

봄바람에 고개 살랑임은
오가는 길손의 꺾임이
두려운 하소연인가

살랑임이 무엇인지 모르는
무지한 길손의 욕심에
꺾인 야생화

그 후
이 등산로 오가는
길손들의 즐거움은 사라졌다.

벚꽃 2

30년 전 떠나가며 남긴
너의 해맑은 미소를
화사한 벚꽃에서 보았다

블라우스의 별 무늬가
은하수 되어
너의 가슴을 타고 흐른다

꽃술에 앉은 벌이
사랑을 고백 하는가
벚꽃이 해맑게 웃고 있다.

계곡물

작년에 날던 새가 그리워
오지 않는 새를 기다리며
산의 나무들은 울고 있다

나무들이 흘린 눈물
이슬로 구르다가
계곡을 타고 흐른다

돌 틈새를 헤집고 나와
바위에서 몸 던져
폭포 되어 거품을 일군다

거품진 일급수에
동그란 웃음 그리며
산천어 놀이 시작한다.

연산홍

화분의 연산홍을 본다
너의 볼록한 몽우리 보고
봄이 오는 것을 알았다
너의 해 맑은 미소를 보고
봄이 온 것을 알았다
꽃 잎 질 때
시들어 떨어진 네 모습은
그리도 밉더니
봄을 알리며 피는 꽃은
정말 예쁘구나.

꽃 사과나무

산책 길섶 꽃 사과나무
지난 봄
꽃 피었던 꽃 사과나무다

지난 봄 꽃 피었던 가지
조랑조랑 꽃 사과 매달고
반갑다고 나를 본다

꽃 사과나무 하는 말
지난 봄 예쁜 꽃이
왜 피었는지 아세요 묻는다

나는 고개 끄떡이며
조랑조랑 열린 꽃 사과 본다.

하얀 박꽃

초가지붕을 기는 박 넝쿨
여기저기서
더듬이 내밀며 기어 다닌다

베적삼 사이로 나온
어머니의 젖처럼
잎새 사이로 열린 박들
아낙네처럼 부끄러워한다

금방이라도
굴러 내릴 것 같은 자태
가슴이 조이어
볼 수 없어 고개 돌릴 때

뒤곁 뜰 안에 핀
분꽃들
빨강, 주황, 노랑의 나팔을 분다

초가지붕 위에서
시집 간 누나
초승달 보며 하얗게 웃는다.

들국화

들,
들,
들,
들에서나 피는 꽃

가을,
가을,
가을,
가을에나 피는 꽃

따듯한 아지랑이 보다
차가운 서리발이 좋아

늦가을 들판에
외롭게 피어 있는 꽃.

소나무

엊그제 활엽수 보며
물든 이파리 버린다고
핀잔을 주던 너는
안 그런 척 시침 떼더니

어쩌면 그리도 태연할까
묵은 잎 몰래 버리면서
청청한 얼굴색 안 붉히니
활엽수에게 미안도 하지 않니

하지만 울긋불긋 변한
활엽수 모습 보다
변함없는 네 모습 보니
불의에 굴하지 않는 충신 같구나.

제2부

자연이 풍기는 향기와 소리

봄의 소리

이른 봄 아침나절
보리밭에 녹색의 물결치면
아지랑이 위에서
재롱부리는
앙증스런 종달새 울음소리

들판에 나서기만 하면
들었던 소리였건만
이제는
운 좋아야 듣는 소리 되었다

이른 봄 초 저녁
논배미 냄새 나 바람에 풍기면
어스름 달빛 아래
논두렁에서 나는
처량 맞은 개구리 울음소리

밤잠만 자지 않으면
들었던 소리였지만
이제는
재수 좋아야 듣는 소리 되었다.

봄이 오는 모습

오는 봄을 보고 있노라면
얼음 풀린 소리 들리고
계곡溪谷옆
버들강아지는 눈을 뜨고 있다

작년 가을 콩 거둔
밭두렁에
냉이, 패랭이 돋자
떨어질 듯
흰 나비 한 마리 날갯짓 한다

양지바른 무덤가에
아지랑이 피어오르면
마른 잔디 속에 핀
할미꽃 외롭게 고개를 숙인다

종달새 우는 들에는
개나리꽃 피고
꾀꼬리 우는 산에는
진달래꽃 피며 봄은 오고 있다.

노을 1

해질 무렵의 노을은
하루를 끝내며
해 넘는 길목에
뿌려지는 어둠맞이 색이다

하얀 구름 붉게 물들인
노을은
삶을 마무리 하는
황혼의 노인들 얼굴색이다.

노을 2

아침 노을은
아가씨 살결 같아 예쁘다
마냥 부러운 노을이다
나도 저런 시절이 있었던가
아침에 나는 갈매기의 소리다

저녁 노을은
할머니 살결 같아 아프다
마냥 서글픈 노을이다
벌써 가야 할 때가 되었는가
저녁에 나는 기러기의 소리다.

들꽃 1

말없이 소리 없이
아무도 모르게 피었다가
아름다움과 향기를 주고
누가 볼까 봐 몰래 진다

꺾임의 아픔은 구름 되어
하늘을 맴 돌다가
어젯밤 소나기로 내리며
천둥 번개를 쳤나 보다

누이 같은 봉우리로
누나 같은 꽃송이로
어머니 같은 꽃을 피었다
할머니 같은 꽃잎으로 진다.

들꽃 2

벌과 나비가 날고 있다
핀다고 오고
진다고 가고
속상한 들꽃 힘없이 시든다

어떻게 못된 인간을
그리도
닮을 수가 있단 말인가

울고 싶다
울고 싶어서
마구 흔들다 꽃잎은 시든다

그리고
버림받은 꽃잎은
낙화가 되어 바람에 날린다.

가을의 들녘

끝이 보이지 않는 들녘
그 가운데로 줄을 긋듯
곧게 뻗은 길섶에는
코스모스 꽃잎들 하늘거린다

논둑의 자투리 밭에는
머리 푼 듯 옥수수가
엄마 등에 업힌 아기 같고
논배미는 황금물결 출렁인다

밭두렁의 수수 이삭 여물어
참새 떼가 모여 들고
양 팔 벌린 허수아비 위로
고추잠자리들 맴을 돌고 있다

햇볕에 입 벌린 밤송이
지나는 바람결에
물었던 아람을 토하자
먹이 찾던 다람쥐 줄행랑친다.

가을바람이

바람이 분다, 불고 있다
아침저녁으로
여름 더위 쫓아내는
가을바람이

바람이 분다, 불고 있다
입추가 자났다고
더위 쫓는 선선한
가을바람이

바람이 분다 불고 있다
폭염과 열대야
여름 따라 보내려고
가을바람이

귀뚜라미 소리

귀뚤 귀뚤 귀뚤
귀뚜라미 소리 들린다
찬바람이 났는가
단풍이 들고 있나 보다
더위에 말라붙었던
입이 떨어졌는가 보다

귀뚤 귀뚤 귀뚤
귀뚜라미 소리 들린다
주춧돌 밑, 댓돌 밑,
부엌 귀퉁이, 풀 숲속,
장소 불문하고
합창을 하듯이 울어댄다

귀뚤 귀뚤 귀뚤
귀뚜라미 소리 들린다
작년 가을에 떠나보낸
임 부르는 소리인가
함께 부르는 친구 있어
부르는 소리 더 큰가 보다.

단풍과 낙엽의 소리

예쁘다! 아름답다!
감탄을 하는 사람들에게
단풍잎은 말을 합니다

우리의 모습은
나무 가지에 매달려
떨어지지 않으려고 애쓰다
찬바람에 얻어맞아
피멍이 든 모습입니다

낭만을 즐기는 연인들에게
밟힘을 당하는
낙엽은 말을 합니다

우리들의 소리는
땅 바닥 위에 떨어져
이리 저리 바람에 날리다가
밟힘의 아픔에
울부짖는 소리랍니다.

백발의 억새꽃

먼동이 구름을 가르며
고요한 호수 위에
빛을 토하면
오리들은 잔잔한 물결을 탄다

잠에서 덜 깬 소나무 아래서
먹이 찾던 까치
갑자기 바람 불어
떨어지는 솔방울에 놀란다

골짜기 쓸고 내려 온 골바람
호수의 물결 일구면
백발의 억새꽃은
하얀 구름 따라 날아간다.

제3부

추억으로 맴도는 사랑

우리 임은

사례산 바위 옆에
진달래 피면
우리 임 오시겠다고
언약하고 떠나가신 봄은 왔지만
한 번 가신
우리 임은 아니 오시네

사례산 옹달샘에
얼음 녹으면
우리 임 오시겠다고
기약하며 떠나가신 봄은 왔지만
보고 싶은
우리 임은 아니 오시네

사례산 정자 밑에
둘이 앉아서
달을 보며 사랑에 취해
내 모든 것 가져가며 행복하자고
다짐하던

우리 임은 소식도 없네

사례산 바위 옆에
진달래 지고
철쭉꽃이 곱게 피어도
오지 않는 우리 임 너무 그리워
가슴속은
미움으로 가득 쌓이네.

(1961. 4. 사례산에서)

청혼請婚

淑!
내년 봄꽃 필 제
우리 손을 꼭 잡고
많은 사람의 인사를 받자

지금의 우리가 잎 없는 나무라지만
겨울 가고 봄이 오면
잎 나고 꽃도 피지 않겠니

淑!
내년 봄 얼음 풀릴 제
우리 팔장을 끼고
많은 사람의 축복을 받자

지금의 우리가 물 없는 도랑이지만
눈 녹고 얼음 풀리면
졸졸졸 물도 흐르지 않겠니

淑!
내년 봄 제비 올 제
우리 마주 보며
백년해로를 맺는 맞절을 하자

지금의 우리는 날지 못하는 새지만
날이 가고 달이 가면
하늘을 나는 새가 되지 않겠니

淑!
내년 봄 아지랑이 필 제
우리 나란히 서서
나는 신랑이 되고 너는 각시가 되자

지금의 우리는 아이 같지만
결혼하고 세월이 가면
철 들은 어른이 되지 않겠니

淑!
내년 봄 결혼 할 제
우리 주례 앞에서
행복한 부부가 될 것을 언약하자

그리고 변함없이 사랑하며
평생을 살아가는
동반자가 되어 주지 않겠니.

(1964. 11. 淑에게)

숙이 얼굴이

가만히, 가만히
생각이 난다 하얀 구름처럼
웃음 짓던 숙이 얼굴이

어렴풋이, 어렴풋이
생각이 난다 내가 손잡을 때
수줍어하던 숙이 얼굴이

조용히, 조용히
생각이 난다 나만을 사랑하며
살겠다던 숙이 얼굴이

미친 듯이 미친 듯이
생각이 난다 부자집 아들 따라
시집가던 숙이 얼굴이.

(1966. 9. 결혼한 숙을 생각하며)

깨지를 마오 이 잠에서

임이여 깊은 잠에 드셨거든
깨지를 마오 이 잠에서
이 잠에서 깨시면
빛난 두 눈에
슬픈 이슬 맺힐까봐 두렵습니다

임이여 깊은 잠에 드셨거든
깨지를 마오 이 잠에서
이 잠에서 깨시면
예쁜 두 볼에
슬픈 얼룩 생길까봐 두렵습니다

임이여 깊은 잠에 드셨거든
깨지를 마오 이 잠에서
이 잠에서 깨시면
하얀 두 발에
슬픈 흙이 묻을까봐 두렵습니다

임이여 깊은 잠에 드셨거든
깨지를 마오 이 잠에서
이 잠에서 깨시면
고운 입술로
슬픈 노래 부를까봐 두렵습니다

살며시 일어나 방문 나설 때
옆에서 재깍재깍 가는 시계가
당신을 깨울까봐
두려웠지만
깨지 않는 당신이 미웠습니다.

(1963. 9. 군에 입대 하던 날)

꽃과 네가 예쁜 것은

꽃이 예쁜 것은
예쁜 마음으로 보기 때문이다

너도 내가
예쁜 마음으로 보아서 예쁘다

아무리 예쁜 꽃이라도
예쁜 마음으로 보아야 예쁘다
너도 그렇다

짝사랑

너 몰래 나 혼자 하는 사랑
너무나 힘에 겨워
잊으려 몸부림도 쳤지만

너를 향한 사랑은
마음 속 깊이
그리움으로 쌓여 태산이 되었다

보고픈 마음 견딜 수 없어
저승의 문턱 헤매다
돌아오기 몇 번이나 했던가

오늘도 바보 같은 나는
어제처럼
너 모르는 사랑을 나 혼자 한다.

첫사랑 1

나는 무척 좋아했다 너를
너도 역시 좋아했다 나를

그 때가
아마 초등학교 4학년이었을까

머리에 피도 안 말랐다는
말을 들을 때였지

그래서
너와 나는 몰랐다

그것이
우리의 첫 사랑인 것을.

첫사랑 2

처음 보았을 때
너는 붉은 장미처럼 예뻤다

너를 보면 즐거웠고
못 보면 향기가 그리웠다

네가 웃으면 기뻤고
네가 우울하면 슬펐다

그것이 첫사랑인 것을
칠순 넘은 지금에야 알았다

첫사랑의 사람은

고향 가는 언덕길에
진달래꽃 피면
가만히 생각나는 사람입니다

종달새 날며 지저귀는
보리밭 길 가면
살며시 생각나는 사람입니다

소꿉장난 놀던 고향집
뒤 곁을 보면
아련히 생각나는 사람입니다

돌아가는 물레방아
물꽃을 보면
넌지시 생각나는 사람입니다

영화관에 혼자 앉아
영화를 보노라면
갑자기 생각나는 사람입니다

수십 년이 지난 지금에도
그 시절의 모습이
불현듯 생각나는 사람입니다

잊은 듯 모르고 살다가도
혼자 있으면
때때로 보고 싶은 사람입니다

작별

눈물이 나고
울음이 터지겠지만
참아 가며 보내리다
당신이 가신다면

가슴을 치며
후회를 하겠지만
잡지 않고 보내리다
당신이 가신다면

그리고 기도 하리다
가시는 길 행복하시기를
그런 후에 울리다
가슴치고 후회를 하면서

그래서 알았다

마음 약해 가다보면
너의 집 앞이고
운전을 하다보면
너의 집 주차장이고
문을 열면 너의 방이었다
그래서 알았다
내가 너를 사랑하고 있음을

마음이 악한 사람은
한 사람을 울리지만
마음이 선한 사람은
두 사람을 울리고
슬픈 아픔을 남긴다
그래서 알았다
우리의 사랑이 슬픈 까닭을

지구의 착각

태양의 둘레를 돌면서
자기 둘레를
태양이 돈다고 착각하고
지구가 으쓱인다
우주의 우두머리처럼

붙박이장처럼
언제나
우주의 중심 그 자리에
태양은
우두커니 서 있는데

기울어진 지축에
23.5°의 삐딱함도 모르고
옹고집 부리는
지구의 착각
조소로 마침표가 찍힌다.

제4부

아직도 마음에 남은 사랑

내게 보이는 너의 얼굴은

네가 보고 싶으면
눈을 감는다
그러면 보인다 네 얼굴이

이별할 때 보았던
오십 년 전의 그 모습
변하지 않은 그 얼굴이다

내 나이
일흔이 넘었으니까
너도
일흔 넘은 노파일 텐데

내게 보이는 너의 얼굴은
나와 이별을 하던
스무 두 살 아가씨 얼굴이다

내린 서리도
세월의 자국도 없는
이별할 때의 그 얼굴이다.

그 때 그 자리

네가 보고파 오늘도 찾아왔다
너와 마주 앉아
술잔에 사랑을 채우던
만수동 '찬스' 집 그 때 그 자리

취하면 잊어질까
너의 보고픔
오늘도 잊어 보려고 술을 마신다

네가 보고파지면
찾아오는 그 때 그 자리

따라 놓은 술잔 속에
떨어진 눈물방울이
마주 앉아 쳐다보던
네 모습을 그려 놓는다

그래서 찾는다 그 때 그 자리.

사례산의 바위

당신 앞에 마주 서면
나는 사례산의 바위가 된다
산에 있는 바위 중에
긴 세월 보내면서
외롭지 않는 바위 어디 있을까

가고 싶어도 발이 없고
말 하고 싶어도 입이 없어
말 못 하는 바위는 외로웠다
모진 혹한이 휘몰아치고
폭염이 담금질해도 참았다

아침 햇살이
안개를 따라와 보듬어 주면
그제야 파란 이끼로
외로움의 흔적을 남긴다
당신 볼에 묻은 눈물처럼.

연모戀慕

처음 보는 순간
오는 느낌이
연인처럼 가슴에 닿는다

받아 쥔 메모지의
전화번호가
설레임을 마음에 뿌린다

보고 싶은 마음은
밤이 새도록
천장에 그녀 얼굴을 그린다

전화하는 마음은
숨이 막히고
긴장감은 하늘을 찌른다

마음 속 깊은 곳에
사랑의 마음이
어느새 자리를 잡고 있다.

우리는 애인이다

나,
나,
나,
나는
너,
너,
너,
너를
사랑 한다, 하늘만큼

너,
너,
너,
너도
나,
나,
나,
나를
사랑 한다, 땅만큼.

이 눈물의 진실을

보고 싶어 보고 싶어
정말로 보고 싶어
미친 듯이 가고 파도
갈 수가 없는 너이기에
그대로 주저 앉아
눈을 감고 너를 그려 본다

기뻤다가 화가 나고
반가웠다 슬퍼지고
혼자서 뒹굴어도
그리움 몰려와 흘리는
이 눈물의 진실을
너는 아는가 모르는가.

당신의 마음

처음에는
그냥
아무것도 보이지 않은 밤하늘

나 보고
그 곳에 뜬 초승달

날이 오고 오면서
쪽박으로 된 상현달

가슴 벅차
활짝 웃었던 보름달

날이 가고 가면서
다시 쪽박 된 하현달

너 떠나
그 곳에 뜬 그믐달

그리고는

다시

아무것도 보이지 않은 밤하늘

이런 날은

가만히 오는 비가 마음을 적신다
이런 날은
보고 싶다, 네가 견디지 못 하도록

너에게 하지 못 했던 마음 속 말도
이런 날은
하고 싶다, 너를 정말 사랑했다고

너 떠날 때 잡지 못 한 내가 미워
이런 날은
울고 싶다, 너를 큰 소리로 부르며.

당신의 얼굴은

백합보다도 곱디곱던 당신의 얼굴
보고보고 또 보아도
세상에서 제일 곱고 아름다웠습니다

봄 향기 풍기는 야생화의 예쁨도
가슴 설레는 단풍의 아름다움도
당신의 예쁜 얼굴 보다는 못 했습니다

봄, 여름의 세월이 지나가면서
야생화 시들고, 나뭇잎 단풍들자
당신의 얼굴도 황혼빛이 되었습니다

그러나 마음의 갈피 속에 넣어 두고
나 혼자 꺼내 보는 당신의 얼굴은
언제나 예쁘고 아름답습니다.

첫눈

삼라만상 모두 잠들어
고요한 새벽 네시
창문 밖으로
조용히 눈이 내린다
금년에 내리는 첫눈이다

첫눈을 보면
설레이고 두근 거린다
그러면서
첫사랑이 생각나고
그 사람도 보고 싶다

이 눈 맞으며 그 곳에 가면
그 사람 만날 것 같아
가슴이 마구 뛴다
그 사람 처음 만나던
그 때처럼.

천생 연분

우리는 하늘이 맺어준 연분이라
나는 당신의 신랑이 되었습니다
맞아요, 당신은 나의 신랑입니다

우리는 태초에 선택된 인연으로
당신은 나의 신부가 되었습니다
맞아요, 나는 당신의 신부입니다

보세요, 우리는 결혼하여
나는 당신의 남편이 되었고
당신은 나의 아내가 되었습니다

맞아요, 나는 당신의 아내로
당신은 나의 남편으로
천생 연분의 부부가 되었습니다.

달빛의 고마움

보지 못 한지가 꽤 오래 되었다
도시의 예쁜 아가씨들
보느라 정신이 없는데
고향의 순이 생각이 나겠는가
불빛 환한 도시길 걷는데
고향의 순이가 보는
달빛의 고마움 보이기나 하겠는가

가로등 없는 호젓한 오솔길을
혼자 외롭게 걷는다면
순이가 보는 달빛을 보겠지만
불빛 환한 도시길 걷는데
어둠을 밝혀 주는
고향의 순이가 느끼는
달빛의 고마움 느끼기나 하겠는가.

제5부

허무한 세월 속에 사는 인생

세월 1

내 나이 삼십 전에는
세월이 온다
오고 있다
무진장 더디게

내 나이 오십 후에는
세월이 간다
가고 있다
무진장 빠르게.

세월 2

오늘 아침
벽에 걸린 시계 속에서
가고 있는 세월을 보았노라

시계의 초바늘 따라
분바늘 따라
가고 있는 세월을 보았노라

낮에도 보았노라
해를 따라 가고 있는 세월을

밤에도 보았노라
달을 따라 가고 있는 세월을

고희를 넘고 나니
눈 감고도 보았노라
쏜살같이 가고 있는 세월을

세월 3

달력을 보고 있노라면
거울 속처럼
흘러 간 세월이 보인다
가고 있는
지금의 세월도 보인다

젖 먹을 때 엄마 얼굴이
새댁으로 저 멀리 보이더니
칠순의 어머니 얼굴로
할머니 되어
내 눈앞에서 보인다

젊은 엄마의 아이로
나도 저 멀리 보이더니
늙은 할머니의 아들로
나도 역시
내 눈앞에서 보인다

세월은 달력 속에서

보이지 않게
날짜의 숫자를
갉아 먹으며
달력의 장을 넘기고 있다.

세월 4

나를 갖고 장난을 친다
가는 세월이
얼굴을 주름살로 만들더니
검은 머리 파뿌리로 만든다
먹기 싫다는 나이
먹여 가면서
가기 싫다는 저승 길목으로
데려 가고 있다.

미운 세월

너는 누구니
나이 든 사람 보듬는 봉사자니
아니면
나이 든 사람 괴롭히는 악마니

별빛처럼 찾아와 주름살 긋고
검은 머리 하얗게 칠하는 너는
도대체 누구니

오지 말라 해도 찾아와
젊음을 늙음으로
살그머니 바꾸어 놓는 너는
도대체 누구냔 말이다

세월이라고
나를 이렇게 만든 게
세월이란 말이지
세월, 너는 정말 밉구나.

그녀의 영정 앞에서

칠십 넘으면서
소천 전화 자주 받는다

오늘도
그녀가 갔다는
초교 회장의 전화 받았다

조용한 마음
동창회에 없는 듯 있고
없어도 있는 듯한 여인이다

장례식장 가보니
죽으면
정승집은 개만도 못하다 던데
옛 말을 또 한 번 실감한다

그녀의 영정 앞에
국화 송이 놓고 명복 빌 때
그녀는 없는 듯
내 속에 들어와 있다.

조문 弔問

내가 따르는 술잔이 있다
자네는 분명히 오겠지
옛말이 모두가 맞아

내가 따르는 술잔이 없다
자네는 분명히 안 오겠지
옛말이 모두가 맞다니까

고인이 되면 모르는 척
외면하는 사람들
왜 그리도 많은지
장례식장은 썰렁하다

그러나 궂은일에는
혈연의 형제와 친척
백아절현의 친구들 있어
고인의 가는 길 외롭지 않다.

황혼의 언덕

나는 정말 몰랐습니다
이 나이가
황혼 언덕에 오른 노인인 것을

마음은 어제나 그제나
똑 같은데
몸은 어제나 그제가 아니었습니다

나는 정말 몰랐습니다
여기가
황혼 언덕 오르는 길목인 것을

정년으로 직장을 나왔을 뿐
달라진 것은 없는데
몸은 황혼 언덕에 올라 있었습니다

나는 정말 몰랐습니다
당신과 내가
이렇게 헤어져야 하는 황혼인 것을

마음은 당신과 만나던
그 때의 젊은 마음인데
몸은 황혼 언덕에 오른 노인이었습니다.

그녀의 목소리

오늘은 까치의 설날
반가운 손님들 오시는 날
전화 벨이 울린다
무슨 기쁜 소식이 오는 걸까

초교 동문 회장 전화다
받기가 겁난다
받아 보니 내 짐작이 맞았다
또 동창이 갔다고 한다

넉 달 전 통화에서
다음 모임에는
손 한 번 잡고 사진 찍자던
여 동창이 갔단다

"꼬맹이 학창시절
내가 널 좋아 한 것 몰랐지"
그녀의 목소리
귓가에 들려 온다

그녀의 영정 앞에서
손 대신 국화송이 잡을 때
보내는 마음에
아픔의 비 내려 눈시울 젖는다.

사별死別

어제 저녁 당신은
내 곁을 떠나
돌아 올 수 없는 곳으로
슬며시 가셨습니다

만종의 종소리가
들려 오면서
황혼의 석양 빛이
내게로 몰려 왔습니다

세상의 슬픔이 모이고
평생의 눈물이
모두 몰리는
순간으로 변했습니다

그립고 보고 싶으면
간 사람이 돌아 올 수 있고
남은 사람이 따라 갈 수도 있는
이별이 아니라

그립고 보고 싶어도
간 사람은 돌아 올 수는 없고
남은 사람이 따라 가야만 되는
사별이었습니다

그래서 남은 사람은
국화 속에 묻힌
영정을 바라 보면서
제일 슬픈 마음으로 울었습니다

(2014. 2. 아내 친구 남편의 장례 소식을 듣고)

친구를 보내면서

밖으로 내리는 궂은비를 타고
반평생을 같이 지낸 친구가
세상을 떠났다는 소식이 왔다

올 초에 간암 말기로
길면 6개월,
짧으면 3개월이란
진단을 받고
투병 생활 9개월 만에 갔다

누구나 태어나면
언젠가는
떠나가는 인생이지만…
초 겨울비가 차가움을 뿌린다

빗소리에 젖는 아픈 마음은
너무도 아파 가슴이 시리다

국화 꽃송이 속에 묻힌

친구의 영정 사진
친구는 말이 없다

만나기만 하면
떠들던 친구
말 없이 우리를 보고만 있다

경우에 맞지 않으면

바른소리 내뱉던 친구
한 마디 할 것 같은데 못 한다

억울하지도 않는가 보다
한 마디도 하지 않는 걸 보니

바른 소리 하던 친구가 갔으니
앞으로는 누가 한단 말인가
바른소리를

아침 마다 오던
이메일도 이제는 오지 않겠지

친구의 관이 영구차에 오를 때
갑자기 비가 내린다
떠나는 자네의 눈물인가
보내는 우리들의 눈물인가

친구야 잘 가시게
너무 서러워도 말게나
누구나 떠나는 세상
조금 먼저 가고 늦게 갈 뿐이니까

친구야!
이제는 배웅 나온 우리 그만 보고
마중 나온 천사들 따라
잘 가시게 친구야.

(2012. 11. 16. 친구의 발인장에서)

제6부

생활에서 보고 느끼는 사연들

고독

커피! 너는 나의 친구다
너는 식탁 위에서 혼자 외롭고
나는 의자에 앉아 혼자 외롭다

밝음이 오는 동창 앞에서
나는 너를 바라 본다
대화는 없지만 우리는 통한다

나는 마음이 차갑다
너는 모락모락 김이 오른다
그래서 따끈한 네가 부럽다

차가움 달래 보려고
어느새 너를 잡고 살그머니
너의 볼에 입술을 댄다.

원미산의 봄맞이

원미산 아가씨 봄이 온다고
진달래꽃 앞치마 두르면
전국에서 상춘객들 봄맞이 오네

불어오는 봄바람에
연분홍 치마 자락 날리면
봄 꽃들 어울려져 활짝 웃는다

분홍 웃음, 노란 웃음, 하얀 웃음,
원미산을 덮으니
봄맞이 마음은 즐겁고 행복하네.

양지와 음지

앞으로 갓! 옛날입니다
앞에 걸어가는 남자를
음지에 섰던 여자가
졸졸 남자 뒤를 따라 갑니다

부부의 다툼에도
여필 종부從夫입니다 옛날은
남자 소리 담장을 넘고
여자 소리 집안에서 기었습니다

뒤로 돌아 갓! 지금입니다
뒤따르던 여자가 앞에 가고
양지에 가던 남자가
졸졸 여자 뒤를 따라 갑니다

부부의 다툼에도
남필 종부從婦입니다, 지금은
여자 소리 아파트 창문 넘고
남자 소리 거실에서 깁니다

변화의 구령 한 마디는
사물에 내포한 양면성으로 변해
양지는 음지로
음지는 양지로 바꾸었습니다.

일몰日沒의 풍경風景

저녁놀 내려 불타는 바다는
행주치마 입에 문 새댁
온종일 볕 뿌리다 지쳐
내려 오는 해님 보고 웃는다

해님은 바다의 반김에
휴식 하려는 듯
빨간 잠옷을 입고
불타는 바다를 찾는다

해님이 쓰다 버린 초승달
서西녁에 뜨면
수평선에 주름살 일고
만선 고기 배 귀항 길 바쁘다

해님을 시중들던 밝음은
몸 숨김하고
어둠이 시중을 들면

수문장처럼 우뚝 서서
바다만 보던 등대는
눈을 번쩍 인다
길 잃은 배들 이리 오라고.

빙어 낚시

요철搖綴로 형성된 얼음 속 세월
너무나 깊고 길어서
녹슬어 버린 추억을 더듬어 본다

비 뿌리다 갑자기 함박눈 내리면
유수의 껍데기는 빙설로 변해
강 얼음 위는 빙어 낚시판이다

허기진 배 채우려던 빙어들
놀려대는 먹잇감에 홀려
낚시 물고 얼음 구멍 나와
여기저기서 하늘을 구경한다

하늘 본 빙어들
초고추장으로 연지 곤지 찍고
잔에 담긴 소주 따라
인체 터널 속 지날 채비한다.

민중의 지팡이

생명과 재산에 위험을 느끼면
민중들은
의지하고 싶은 마음으로
지팡이를 생각합니다

부러지는 아픔도 견디어 내며
지팡이들은
보호하기 위한 마음으로
민중들을 생각합니다

그래서
국민들은 경찰을 의지 하고
경찰들은 국민을 보호합니다

앵두

엄마의 립스틱을
몰래 입술에 발랐다

도톰한 입술이
정원에 익은 빨간
앵두를 문 것 같다

너무나 예뻐
지우기가 싫다
계속 물고 싶다

내가 문 요 앵두를
옆 집 오빠 입안에
쏙 넣어 주면 좋겠다.

원점原點

일출산에 올라 가서
해돋이 보려던
희망도 포기하였다

올해는 담배 끊겠다
새해 아침의 결심
작심 삼일 되었다

영원히 이별 말자던
너와 나도
엊그제 이별을 했다

희망도, 작심도, 사랑도,
모두 되돌아
제자리에 와 있었다.

보릿고개

보릿고개는 있었던 고개인가
어떤 고개이기에
옛 사람들
그 고개 넘기 힘들었다 했는가

지금은 사라진 고개지만
옛 사람들 모두 아는 걸 보면
있었던 고개이고
넘기 힘든 고개였나 보다

그 고개 넘으려면 서민들은
풋 보리 베어 죽 쑤어 먹고
허기를 풀어야만
간신히 넘어 갔다는 고개이다.

이 시간은

2012년 10월 18일 오전 9시 29분!
이 시간은
내가 이 시를 쓰면서 본 시간이다

내가 시계를 보는 순간
미래에서 와서
현재를 거쳐 과거로 간 시간이다

세월이 내게 준 시간인지
내게서 빼앗아 간 시간인지

이 시간은
다시 오지 않는 시간이고
이 시詩를
보아야만 볼 수 있는 시간이다

기약 없이 떠나는 나그네에게
이별에서 느끼는 허전함이
바라보는 내 마음의 벽을 적신다.

나

아버지가
어머니를 간지럽혀

어머니가
지구 위에 떨어뜨린

일곱 조각 중에
하나.

제7부

사라진 고향을 그리는 마음

사라진 고향

탕!
탕!
총소리 나자
보따리 이고 지고 피란을 갔다
마을 사람들은

쿵쾅!
쿵쾅!
폭탄 떨어지자
한 채도 남지 않고 불에 탔다
마을의 집들은

꾸당 탕!
꾸당 탕!
비행기가 폭격하자
남김없이 모두가 박살이 났다
마을의 모습은

휴전 되고 수복이 되어도
돌아오지 않는 사람들
오는 길을 잊었는가
고향을 버렸는가
돌아오지 않는 마을 사람들

고향을 찾아 와도
옛 모습 하나도 없고
반기는 인심도 없어
타향에 온 나그네 마냥
옛날을 찾다 가노라.

톱질

한탄강 옆에 자리한
내 고향 읍터는
6 · 25란 전쟁이 나면서
사상의 톱날로 톱질을 당했다

쓱! 소리 나자
공회당에 인공기 걸리고
아랫마을 철이 아버지
반동분자로 톱밥이 되었다

싹! 소리 나자
공회당에 태극기 걸리고
윗마을 순이 아버지
빨갱이로 톱밥이 되었다

쓱싹! 쓱싹! 쓱싹!
왔다 갔다 계속 된 톱질로
사람들은 톱밥이 되고
고향은 두 동강 나며 사라졌다.

고향 나그네

농토로 변해 버린 이 곳은
내가 태어 난 고향
음터라는 마을이 있던 곳

1 · 4 후퇴로 시작된
피난살이 못 벗어
십수 년 만에 찾아 와 보니

고향은 간데 온데 없고
반기는 인심도 없는
타관으로 변해 버린 내 고향

불탄 집은 잡초가 숨기고
옛날의 흔적도 못 찾고
더듬다 돌아가는 고향 나그네.

그 소꿉놀이

고향 집 토담 밑 닮은
봄볕 내리는 양지를 지나려니
너랑, 나랑, 마주 앉아
오순도순 놀던
그 소꿉놀이가 떠 오른다
너는 엄마 되고
나는 아빠 되어
너는 나를
네 엄마처럼 당신이라고 부르고
나는 너를
우리 아빠처럼 여보라고 부르던
그 소꿉놀이가 떠 오른다
지금쯤은
너는 엄마 지나 할매가 됐을 테지
지금 내가
아빠 지나 할배가 된 것처럼
하지만 너도
이런 토담 밑 양지 터를 지나려면
그 소꿉놀이가 떠오르겠지.

(2009. 5. 토담 길을 지나면서)

숨바꼭질

어린 시절 피난민으로 살던
시낭 골을 찾았다
누가 사는지도 모르는
내가 살던 옛집에서
나는 술래가 되어 버렸다

모두가 변해 찾을 수가 없다
초가지붕도, 대청마루도,
툇마루도, 댓돌도,
부엌도, 부뚜막도, 아궁이도,
부지깽이도, 굴뚝도,
우물도, 두레박도, 함지박도,

"모두들 못 찾겠다!"
소리쳐도 나오질 않는다

나를 술래로 만들어 놓고
꼭꼭 숨어서 나오지 않는다
나는 하나도 찾지 못하는
멍청이 바보 술래가 되었다.

고향 생각

생각이 나서 눈을 감으면
어머니가 보고 싶다
어린 시절로 가고 싶다
소꿉친구도 만나고 싶다
고향에서 뛰어 놀고 싶다

생각이 나서 눈을 감으면
정 든 사람이 보인다
정든 집도 보이고
정든 강도 산도 보인다
어린 시절이 눈에 보인다

생각이 나서 눈을 감으면
삽살개 달보고 짖는 소리
소쩍새의 울음 소리
새벽 닭 우는 소리
밝음 오는 새 소리 들린다

생각이 나서 눈을 감으면
고향의 모습이 보이고
고향의 소리가 들리고
고향이 그리워
고향에 가고 싶다.

민들레꽃

너와 내가 소꿉 놀던 돌담은
흔적도 없이 사라진 고향 터에
노란 민들레가 쪼그리고 앉아 있다

노란 모자를 쓰고 쪼그리고 앉아
소꿉에다 밥이라고
흙을 담던 너의 모습으로

전쟁의 폭격으로
유년 시절의 동무들 사라진
황막한 그 자리에

소꿉 놀던 시절의 꽃은 피어 있다
동무들과 같이 소꿉 놀던
유년시절 피었던 그 모습으로.

물안개

38선 따라 흘러 온 한탄강
북한 땅 거쳐 흘러 온 임진강
두 물이 만나는
합수머리에 서서
물안개 걷히는 모습을 본다

남과 북을 가로 막았던
이 강물 건너다가
총성에 가신
아버지의 모습이
물안개 속에서 보인다

수십 년이 지나도
걷히지 않고 마음에 있는
아버지의 그리움
물안개 걷히듯
깨끗하게 걷히면 좋겠다

우리 세 친구는

부모님의 손을 잡고
국민 학교에 입학한
너희들과 나는 친구가 되었다
그것도 동기 동창생의 친구로

나는 6 · 25 동란으로 피란 온
피난민 아들
너는 조상님이 정승을 지낸
양반집 아들
재는 조상님이 종으로 살던
상놈집 아들

너희들은 나의 조상님이
양반인지 상놈인지 몰랐고
양반인 너도 상놈인 재도
내가 좋아 하자 친구가 되었지

그래서 우리 셋이 모이면
너희 둘은 기름과 물 같았지만

기름도 물도 아닌
나로 인해 우리 셋은 어울렸지

양반이었던 너는
천, 방, 지, 축, 마, 골, 피,
일곱 자 읊으며 조상님 자랑 했고

상놈이었던 재는
빨, 주, 노, 초, 파, 남, 보,
일곱 자 외우며 청운의 꿈 꾸었고

피란민이었던 나는
무, 찌, 르, 자, 오, 랑, 캐,
일곱 자 외치며 고향 가기 바랬지

오십 년 지나 백발 된
지금에 와서 만나 보니

양반인 너는 조상님 덕에

상속 받은 재산으로 부자가 되고

상놈인 재는 머리가 좋아
박사로 출세하고 돈도 벌었지만

피란민 나는 공무원으로
봉직하다 퇴직한 신세 되었지

우리는 죽마고우랍시고
우정의 술잔을 기울이며
지난 얘기 나누며
평생을 살아가는 세 친구 되었지.

(2010. 4. 초교 동창과 만난 후)

제8부

여행과 관광에서 보았던 사연

울돌목 鳴梁大捷地

전라남도 해남과 진도
사이에 자리한
너비 300여 메타의 협곡 바다

화산같이 솟구친 물이
회오리바람처럼 맴을 돌아
물살이 방향을 잃고
갈피를 못 잡아 헤매는 바다다

길 잃은 바다가 울면
그 소리 십리 밖까지 들려
붙여진 이름이 명량鳴梁이란다

임진왜란 당시 이순신 장군이
구국의 일념으로 물결을 보며
물살 전법을 구상한 곳이다

13척의 함선으로
133척의 왜군 함선을 대파 시킨

명량대첩을 이룩한 바다다

바다 건너에 세워진
장군의 동상을 향해
경의의 합장을 하고 나니

어록 비에 새겨진
'약무호남 시무국가若無湖南 是無國家' 란 비문이
'약무충무공 시무국가若無忠武公 是無國家' 로 보였다.

소록도小鹿島

여기가 바로 거기라네
아기 사슴처럼 생긴 섬
이름 하여 소록도라 불렀다네

이제는
아기 사슴 보다 먼저
문둥이가 생각나는 섬이라네

문둥이 자식으로
태어 난 죄, 그리도 컸던가
천형의 섬 소록도에 갇혔다네

죄인처럼 끌려 와
체벌, 감식, 금언을 당하며
한평생을 감금실에서 살았다네

발가락 빠진 발을 보고
손가락 빠진 손을 보며
이 병 낳으면 갈 수 있는 저 곳

바다 건너 보이는 육지가
유토피아처럼 보여
그 곳에
가는 날만 기다리며 살았다네.

(2009. 11. 소록도에서)

몸으로 쓴 시詩를 읽고

하늘이 무너지는 소리였다
17세의 소년에게
한센병이란 의사의 말은

몸도 버리고 이름도 버리고
어찌 할 줄 모르다가 구름 되어
그 이름 하운何雲이라 하였는가

황토길 걷다가
발가락 떨어지면 시 한 편 쓰고
파랑새 보다가
손가락 떨어지면 시 한 편 쓰고

피지 못하는 돌꽃처럼
이루지 못한 사랑에
애처로운 마음은
흐느껴 운 적 얼마나 많았겠는가

한평생 펜 아닌 몸으로 쓴 시詩는
살을 에이듯한 아픔 있어
읽는 이 가슴 속에 그대로 옮긴다

필 — ㄹ 닐니리
필 — ㄹ 닐니리
보리피리 소리 고스란히 들려온다.

(2009. 11. 소록도에서)

승진 훈련장에서

내일, 모레, 글피는 6월 25일
북괴가 남침한지 환갑 되는 날
어찌 그 날을 잊겠는가
그래서 찾았다
우리들은, 중부 전선을

눈 아래 훈련장에서 펼쳐지는
승진 화력 시범들
탱크들은 연못에 물방개 돌듯
이리 저리 훈련장을 맴돈다

정상에 위치한 레이다 탱크에서
따! 당 탕! 하는 폭발을 신호로
탱크들은 불빛과 동시에
쾅! 쾅! 쾅! 하는 폭음을 터트리고

포문이 검은 연기 허공에 뿜자
목표물은 흙먼지 일궈
훈련장은 포화 속으로 묻힌다

저런 웅장한 탱크가 괴음을 지르고
천지를 진동하는 포를 쏘고
다가 올 때 얼마나 놀랐을까
그 당시의 우리 국군들은

명령에 죽고 사는 군인 정신으로
조국을 지키기 위해

육탄으로 저런 탱크를 저지타가
산화한 충혼 앞에 머리 숙이노라

민족상잔의 비극을 창조한 6 · 25는
환갑의 나이 되었는데도
휴전선엔 여전히 전운이 맴돌아

제2의 6 · 25 탄생을 막기 위해
우리 국군들은 폭염 속에서도
전쟁을 방불케 하는 훈련을 하누나.

(2011. 6. 22. 승진 훈련장을 참관하며)

선배님들 소리를 들었노라

나는 묵념을 하면서 들었노라
선배님들의 소리를

우리가 목숨을 바친 것은
영웅심을 자랑하기 위함이 아니요
일 계급 특진을 하기 위함도 아니요
개인 영달을 위함은 더욱 아닙니다

우리가 목숨을 바친 것은
오직 국가의 수호를 위해
내 예쁜 소녀와의 사랑도 버리고
처자식과의 행복도 포기하고
호국 경찰 정신으로 바쳤노라,
는 선배님들의 소리를

우리가 목숨 바친 지
60여 년의 세월 흘러가는 동안
아무도 찾는 이 없는 행금벌에서
찾는 이 기다리는 오늘 같은 날

헌화하고 묵념하는
인천 경우 후배들의 모습을 보니
목숨 바친 보람을 느끼노라,
는 선배님들의 소리도.

(2015. 11. 1. 녹전 호국 경찰 전적비 참배 후)

영종도 가는 뱃길

월미도 부두에서 배가 떠난다
배의 발길이 스치는
바다에서 파도가 하얗게 웃는다

시샘을 부리는 바람이 분다
갈매기들 힘들게 뱃전을 날며
배에 탄 사람들 내려 본다

6 · 25 피난 시절
초콜릿 달라고 미군을 보던
어린 시절의 우리들 눈길이다

새우깡 든 손길이 보이자
갈매기들 신나게 날며
사람들의 손길을 주시한다

새우깡이 바다에 뿌려지면
영종도 가는 뱃길은
갈매기들 먹이 다툼으로 장관이다.

마장호수 출렁다리

줄을 지어 물위를 걷는다
신기한 듯 즐거운 듯
마장호수 푸른 물위를
줄 지어 걷는 사람들

물 위를 걷고 싶어
전국에서 몰려 온 사람들
마장 호수 물위를
출렁다리 이용해서 걷는다

다리 위에서 춤도 춘다
술 취한 사람처럼
춤꾼처럼 모든 사람들
출렁 춤추며 물위를 걷는다.

장밋빛 생명들

얼간이 같은 인간들에게
세월호 운항을 맡겨
맹골 수로에 처참하게 수장된
304명의 장밋빛 생명들

선상으로 탈출하라고만 했어도
가만있으란 방송만 안 했어도
자기들 살려고 하지만 않았어도
승객들을 먼저 생각만 했어도

304명의 장밋빛 생명을
맹골 수로에 수장하는
비극은 막았을 텐데
천인공노할 얼간이들 망동은

너와 나를 울게 하였고
온 국민을 분노케 만들어
환희에 찼던 대한민국을
애통의 눈물 속으로 몰아넣었다

바닷물이 저승사자로 차오를 때
얼마나 괴롭고 무서웠을까
장밋빛 생명들의
이승 떠나는 물 속의 저승길은

국민이 바라던 생존자 없고
싸늘한 주검만이 돌아와
보내는 유족의 마음 비통 할 제
육지도 바다도 하늘도 울었다.

평화 전망대에서

저 바다 건너서 피난 온지 반백 년
남한 땅 돌고 돌며 사는 동안
가지도 보지도 못했다 내 고향을
그래서 고향을 잊고 말았다

눈 뜨고는 못 보고
눈 감아야만 보았던 내 고향을
오늘 이 곳에 와서
눈을 뜨고도 보았다 내 고향을

우리 민족을 갈라 놓는
보이지 않는 선을
남과 북의 군대가 지키고 있다

머리에 고향을 새겨 보려고
망원경 잡고
눈을 크게 떠 보지만
눈물이 앞을 가려 보지 못했다.

설악산의 눈물

어제 저녁
소쩍새 밤새껏 울더니만
오늘 아침 설악산의
나뭇잎도 풀잎도 눈물에 젖었다.

무슨 사연 있길래
슬픈 내 사연을 알았는지
그리도 슬피 울어
나뭇잎, 풀잎을 밤새 울게 했을까

옷깃 적신 눈물 방울
한숨 소리 되어
설악산 기슭을 파고들자
참았던 골짜기 울음을 터트린다

나뭇잎과 풀잎들의
바람 잘 날 없는 사연에
설악산이 흘린 눈물
동해의 푸른 파도로 울고 있다.

메밀꽃 피었던 마을

이효석 문학관 앞에 서서
그 분을 생각하며
옛날 메밀꽃 피었던 마을을 본다

메밀꽃 하면 생각나는
그 분의 단편 소설은
달빛 맞으며 보부상褓負商들 걷던
하얀 메밀꽃 밭길은
외지에서 오는 관광객들이 찾는
메밀음식 식당길로

물방개 돌던 빈농貧農 마을은
자가용 몰려오는
부상富商의 마을로 바꿨다

문학의 힘으로 발전한
옛날 메밀꽃 피었던 마을을 본다

(2017. 7. 15. 봉평마을에서)

제9부

가정의 생활을 돌이켜 보는 마음

우리 집 아침

아버지는
쟁기와 삽을 지게에 지고
이랴! 이랴!
음메 소 몰고 논에 가시고

어머니는
쌀 씻은 뜨물 바가지 들고 가
오래! 오래!
꿀꿀 돼지 잠 깨워 먹이 주시고

누나는
소쿠리의 수수 알 한 움큼 쥐고
구구! 구구!
꼬꼬 닭들 불러 모아 모이를 주고

나는
안 마당 뒷마당 뛰어 다니면서
멍멍! 멍멍!
짖어대는 바둑이와 경주를 하고

할머니는
담뱃대 물고 동구밖 지켜 보며
빼끔! 빼끔!
서울 간 형의 보고픔을 날리신다.

(1962. 5.)

우리 어머니

6 · 25 동란으로 과부 되셨다
우리 어머니
재가하라고 중신이 들어 왔다
여기저기서
그 때 어머니는
마흔 두 살

나는 어머니가 재가를 하면
죽겠다고
죽인다고 날 뛰었다
미친 애처럼
그 때 내 나이
아홉 살

그랬던 일을 후회했다
결혼 한 후에야
그 때는 늦었다
어머니는
할머니가 되셨으니

재가 않고 양반집 법도
지키셨다고
문중에서는
의연하신 모습이었지만
외로움으로 사신 어머니
가신지 42주년의 제일에

고희 넘긴 몸으로
제사상 앞에 무릎 꿇고
술잔 올리며
지난날의 불효를 생각해 보니

제대로 못 모신 불효 등
이런 저런 불효 많지만
재가 못하게 한 불효가
제일 컸음을 깨닫고
후회의 잔과 큰 절을 올린다.

아버지

나는 아버지가 없었다
그래서
한 번도 불러 보지 못했다
아버지란 소리를

한 장의 사진도 없었다
그래서
조금도 생각 나지 않았다
아버지의 얼굴이

한평생 보고파도 없었다
그래서
그리운 마음도 전혀 없었다
아버지란 사람은

내 아내도

아내와 길을 가다가
마주 오는 젊은 부부의
여자 얼굴을 보았다

포동포동한 얼굴이
윤기가 돌아 정말 예쁘다

옆에서 걷고 있는
아내의 얼굴을 보았다

쭈글쭈글한 얼굴이
윤기가 없어 볼썽사납다

하지만
다른 사람들은 못 보았어도
나는 보았다

내 아내도
포동포동한 얼굴에
윤기가 돌아
정말 예뻤던 시절을.

아내의 지난 세월

고요한 정원에 날아 온
비둘기 한 쌍
햇살을 받고 입맞춤 한다

외양간의 암소 여물 먹고
논 밭 갈다 힘겨워
어미 소 두 번 울었다

강남 갔다 돌아 온 제비들
처마 밑에
보금자리 짓고 알을 품었다

잠투정을 하면 주시던
어머니의 젖 냄새가
아내의 가슴에서 풍긴다

얼마의 세월이 보냈는가
이마에 상사 계급장 달고
검은 머리에는 서리가 내렸다

동구 밖 바라보시던
할머니 닮은 할미꽃이
아내의 등에도 피고 있다

머슴의 심정으로 심은
마음의 꽃들이
아내의 정원에 피면 좋겠다.

아내가 미인이 되는 이유

나는 몰랐다
아내가 미인이 되는 이유를
그래서
이제까지 믿지도 않았다
유행가에 나오는
사랑을 하면 예뻐진다는 노랫말을

나는 몰랐다
예쁜 꽃이 피는 이유를
정말 몰랐다
나비와 벌들의 사랑을 받아야만
꽃들이
아름답고 예쁘게 핀다는 사실을

나는 알았다
아내가 미인이 되는 이유를
단풍잎들이
가을바람의 사랑을 받아야만
예뻐지는 것처럼
사랑을 받아야 미인이 된다는 사실도

용서를 빕니다

지금까지 살아오면서
백로의 마음은 버리고
까마귀처럼 살아 온
지난 세월들이
후회되어 용서를 빕니다

가슴에 못 박는 일도
서슴없이 하였고
애절한 하소연도
외면했던 일들
후회되어 용서를 빕니다

얼마 남지 않은 여생
행복과 웃음만을
당신에게 주고
반성의 마음으로
용서를 빌며 살겠습니다.

그 때 했던 내 말은

어린 시절 엄니 품에 안겨
"난 엄니 없인 하루도 못 살아요"
재잘대던 내 말은 거짓말이 아니었다

그러나 엄니 세상 떠나자
흘린 눈물에 씻겨 갔는가
엄니 없인 하루도 못 살 것 같던 마음은

삼오제를 거뜬히 넘기고
밥 잘 먹고 잠도 잘 자더니
사십 구제 넘긴지도 1년이 지나 갔다

엄니 품에 안겨 재잘대던
"난 엄니 없인 하루도 못 살아요"
그 때 했던 내 말은 거짓말이 되었다.

걸음마

손녀딸이 첫돌이 되려면
아직도 석 달이 남았는데
혼자서 따로 서는
재롱을 자주 부린다

혼자서 따로 따로 서서
에미 보고 방끗 웃는다
혼자서 따로 따로 서서
애비 보고 으쓱 자랑을 한다

그러다가
오른발 슬며시 앞으로 내민다
그리고는
왼발 살며시 앞으로 당긴다

재롱 보던
에미, 애비, 할매, 할배가
소리를 친다
"우리 채영이가 걸었네!"

(2012. 5. 26.)

인생의 한평생은

뭔가가 획 지나 갔다
그것도 아주 빠르게
눈 깜짝 할 사이였다
볼 사이도 없었다
알고 보니 세월이었다
벌써! 갈 때가 다 되었다고
정말로 짧구나
인생의 한평생은.

작품해설

정결한 서정미학

| 작품해설 |

정결한 서정미학

— 김태경 시집 《하얀 박꽃》론

정성수
(시인 · 한국문인협회 시분과 회장)

김태경의 시는 한 마디로 말해 정결하다. 시 편면마다 나이를 믿을 수 없을 만큼 순수한 동심의 세계를 보여준다.

맑고 깨끗한 영혼으로 사물을 바라보는 동시적 발상, 그 순수서정, 소박하고 따스한 인간미, 가식이나 어색한 상투적 제스처는 찾아볼래야 찾아볼 수 없는 진정성, 쉽게 다가오는 간결한 표현과 명쾌한 이미지 등이 그의 시 속에서 풍겨 나오는 특별한 뉘앙스이다.

한평생 시를 써왔음에도 불구하고 고희가 지난 지금에서야 첫 시집을 세상에 내놓는 그 겸손도 놀라운 일이 아닐 수 없다.

다음 시를 살펴보자.

초가지붕을 기는 박 넝쿨
여기저기서
더듬이 내밀며 기어 다닌다

베적삼 사이로 나온
어머니의 젖처럼
잎새 사이로 열린 박들
아낙네처럼 부끄러워 한다

금방이라도
굴러 내릴 것 같은 자태
가슴이 조이어
볼 수 없어 고개 돌릴 때

뒤곁 뜰 안에 핀
분꽃들
빨강, 주황, 노랑의 나팔을 분다

초가지붕 위에서
시집간 누나
초승달 보며 하얗게 웃는다.

– 〈하얀 박꽃〉 전문

시적화자는 1연에서 '초가지붕' 위의 '박'을 '초가지붕 위를 기는 박 넝쿨/여기저기서/ 더듬이 내밀며 기어다닌다'라고 곤충에 비유해 풀어나간다.

그런가하면 2연에서는 '베적삼 사이로 나온/어머니의 젖처럼/잎새 사이로 열린 박들/아낙네처럼 부끄러워한다'라고 '잎새 사이로' 보이는 '박'을 '어머니의 젖'에 비유하기도 한다. 그 '어머니의 젖(가슴)' 같은 '박'이 다시 '아낙네처럼 부끄러워한다'라고 시적 의미를 확대해나간다.

'어머니의 젖'은 이 떠돌이별에 새로 탄생한 지구인, 즉 갓난아기를 키우는 위대한 생명의 샘이므로 너무나도 신성하고 아름다운 것이다.

이번에는 그 젖가슴이 '아낙네처럼 부끄러워한다'라고 '어머니'를 다시 시적화자와 적당한 거리를 둔 여성인 '아낙네'로 전위시킨다. 즉 여성이라는 동등한 의미를 지닌 존재를 상황에 따라서 '어머니'라고 호칭하기도 하고 '아낙네'라고 부르기도 한다.

'부끄러워'하는 것은 평범한 '아낙네'의 몫이지 '어머니'의 몫이 아니라는 의미, 즉 신성한 '어머니'의 위의를 지키려고 하는 시적화자의 깊은 뜻이 숨어있다.

3연~4연에서 '금방이라도 굴러내릴 것 같은 자태/가슴이 조이어/볼 수가 없어 고개 돌릴 때//뒤곁 뜰안에 핀/분꽃들/빨강, 주황, 노랑의 나팔을 분다'라고 다시 '어머니'의 신성한 '젖' 의 안위에 대해 불안해한다.

시적화자의 그 허공에 대한 불안을 잠재워주는 것은 바로 '빨강, 주황, 노랑의 나팔을' 부는 지상의 '분꽃들' 이다.

마지막 연, '초가지붕 위에서/시집간 누나가/ 초승달 보며 하얗게 웃는다.' 에서는 '박꽃' 을 시집간 '누나' 에 비유한다. 즉 '어머니' 가 '아낙네' 로 다시 '누나' 로 시적 상황 변화에 따라 거기에 걸맞게 대상의 의미와 자리를 의도적으로 변형시킨다.

'하얀 박꽃' , 즉 '시집간 누나' 가 '초승달' 을 바라보며 '보름달' 을 기대하는 것은 '보름달' 같은 아기를 낳고 싶은 열망의 메시지에 다름 아니다. 지붕 위의 '박' 은 수많은 새 생명의 모체이기 때문이다. 다시 말해서 그것은 바로 위대한 모성의 집이므로…!

다음 시를 살펴보자.

사례산 바위 옆에
진달래 피면
우리 임 오시겠다고
언약하고 떠나가신 봄은 왔지만
한 번 가신
우리 임은 아니 오시네
사례산 옹달샘에

얼음 녹으면
우리 임 오시겠다고
기약하며 떠나가신 봄은 왔지만
보고 싶은
우리 임은 아니 오시네

사례산 정자 밑에
둘이 앉아서
달을 보며 사랑에 취해
내 모든 것 가져가며 행복하자고
다짐하던
우리 임은 소식도 없네

사례산 바위 옆에
진달래 지고
철쭉꽃이 곱게 피어도
오지 않는 우리 임 너무 그리워
가슴 속은
미움으로 가득 쌓이네.

(1961. 4. 사례산에서)

– 〈우리 임은〉 전문

떠나간 연인을 그리워하는 애틋한 사랑가이다. '사례산 바위 옆에/진달래 피면/우리 임 오시겠다고/언약하고 떠나가신/봄은 왔지만/한 번 가신 우리 임은 아니 오시네' 시적 배경 '사례산'은 지난 날 두 사람이 자주 사랑을 나누던 데이트 장소. 그러나 다시 오겠다고 떠난 '임'은 작별할 때 '언약'한 '진달래 피는 봄'이 왔지만 시적화자 곁으로 다시 돌아오지 않았다.

'사례산 옹달샘에/얼음 녹으면/우리 임 오시겠다고/기약하며 떠나가신/봄은 왔지만/보고 싶은 우리 임은 아니 오시네'

사례산 옹달샘 얼음이 녹아도 '보고 싶은 우리 임은' 다시 돌아오지 않는다. 그뿐인가. '사례산 정자 밑에/둘이 앉아서/달을 보며 사랑에 취해/내 모든 것 가져가며/행복하자고/다짐하던 우리 임은 소식도 없'다.

돌아오기는커녕 아예 소식조차 없다는 것은 현실적으로 이미 이별 상황이라는 것을 의미한다. 그럼에도 불구하고 '임'에 대한 시적화자의 사랑과 그리움은 조금도 변함이 없다.

마지막 연에서는 드디어 '오지 않는 우리 임/너무 그리워/가슴 속은 미움으로 가득 쌓이네'라고 '임'을 향한 '그리움'이 어쩔 수 없이 '미움'으로 변하고 만다. 사랑의 쓸쓸한 변주곡이다.

다음 시를 살펴보자.

엄마의 립스틱을
아무도 몰래 입술에 발랐다

도톰한 입술이
정원에 익은 빨간
앵두를 문 것 같다

지우기가 싫다
계속 물고 있고 싶다

내가 문 요 앵두를
옆집 오빠
입안에 쏙 넣어주면 좋겠다.

– 〈앵두〉 전문

이 시는 시적 화자가 소녀이다. '엄마의 립스틱을/아무도 몰래 입술에 발랐다' 라고 시적 변용을 거치지 않은 직설적 표현으로 시작한다. 따라서 당연하게도 불특정 독자를 향한 의미 전달이 대단히 분명하고 정확하다.

'아무도 몰래' 속에 '립스틱' 에 대한 시적화자의 호기심과 저지르는 자의 일종의 쾌감 같은 것이 스며있다. 2연, '도톰한 입술이 정원에 익은 빨간/앵두를 문 것 같다' 라는 표현은 시적 화자가 소녀가 아니라 그 소녀를 바라보는 제3자, 객관적 시점의 발화이다.

3연에서는 시적화자가 다시 소녀로 돌아온다. '지우기가 싫다/계속 물고 있고 싶다'. 즉 이 시는 그 다음 제4연에서 극적인 대반전을 이룬다. '내가 문 요 앵두를/옆집 오빠/입안에 쏙 넣어주면 좋겠다' 가 그것이다.

시적 화자가 엄마의 립스틱을 꺼내어 아무도 모르게 자기 '입술' 에 바르는 것은 성인이 되고 싶은 욕구의 한 상징적 사건이다. 그것은 자신의 아름다운(립스틱을 칠한) '입술' 로 이성의 입술에 입 맞추고 싶다는 욕망의 구체적 행위이기도 하다. 그러한 욕망이 한 걸음 더 나아가 '앵두' 를 계속해서 입에 물고 있고 싶은 것은 그것이 이성에 대한 사랑의 상징이기 때문이다.

결국 마지막 연에서 시적화자의 입술 속에 있는 '앵두' 를 '옆집 오빠/입안에 쏙 넣어주면 좋겠다' 는 것은 바로 옆집 오빠와의 뜨거운 사랑을 갈구하는 것이다. 그것은 단순한 정신적 사랑이 아니라 육체적 교감에 대한 성적 욕구의 발현이다.

다음 시를 살펴보자.

> 어린 시절 피란민으로 살던
> 시낭골을 찾았다
> 누가 사는지도 모르는

내가 살던 옛집에서
나는 술래가 되어버렸다

모두가 변해 찾을 수가 없다
초가지붕도 대청마루도
툇마루도 댓돌도
부엌도 부뚜막도 아궁이도
부지깽이도 굴뚝도
우물도 두레박도 함지박도

"모두들 못 찾겠다!"
내가 소리쳐도 나오질 않는다

나를 술래로 만들어놓고
꼭꼭 숨어서 나오지 않는다
나는 하나도 찾지 못하는
멍청이 바보 술래가 되었다.

– 〈숨바꼭질〉 전문

어릴 적 피란 시절의 추억은 어디로 숨었는가. 오랜 시간이 지난 뒤에 다시 전에 살던 집을 찾아오니 아무도 반겨주는 이가 없다. 시적 화자는 어쩔 수 없이 정든 옛집에서 술래 아닌

'술래' 가 될 수밖에 없다.

'모든 것이 변해/찾을 수가 없다' '초가지붕도 대청마루도/툇마루도 댓돌도/부엌도 부뚜막도 아궁이도/부지깽이도 굴뚝도/우물도 두레박도 함지박도//"모두들 못 찾겠다"/내가 소리쳐도 나오질 않는다' 6·25사변 피란 시절의 전형적인 한국 초가집을 허물고 새 주인이 그 자리에 현대식 주택을 세워 놓았기 때문이다. 사라진 과거나 추억은 당연히 다시 돌아오지 않는다.

시적 화자는 '나를 술래로 만들어놓고/꼭꼭 숨어서 나오지 않는다' 라고 돌아오지 않는 과거를 한탄한다. 그리하여 시적 화자는 '나는 하나도 찾지 못하는/멍청이 바보 술래가 되었다.' 라고 변화된 과거, 즉 당면한 현실을 인정할 수밖에 없는 쓸쓸한 존재가 되고 말았다.

다음 시를 살펴보자.

여기가 바로 거기라네
아기 사슴처럼 생긴 섬
이름하여 소록도라 불렀다네

이제는
아기사슴보다 먼저
문둥이가 생각나는 섬이라네

문둥이 자식으로
태어난 죄 그리도 컸던가
천형의 섬 소록도에 갇혔다네

죄인처럼 끌려와
체벌, 감시, 금언을 당하며
한평생을 감금실에서 살았다네

발가락 빠진 발을 보고
손가락 빠진 손을 보며
이 병 낳으면 갈 수 있는 저곳

바다 건너 보이는 육지가
유토피아처럼 보여
그곳에
가는 날만 기다리며 살았다네.

― 〈소록도小鹿島〉 전문

남해바다에 떠있는 작은 섬 '소록도'는 나병환자들이 치료받는 곳이다. 한하운의 시집 《보리피리》는 나병환자의 고통과 슬픔을 노래한 시편으로 유명하다.

'이제는 아기사슴보다 먼저/문둥이가 생각나는 섬이라네// 문둥이 자식으로/태어난 죄 그리도 컸던가 /천형의 섬 소록도에 갇혔다네'

이처럼 2연~3연에서 진술하듯 나병환자들은 아무 죄도 없이 문둥이라는 이름으로 '천형의 섬 소록도' 에 갇혔다. '죄인처럼 끌려와/체벌, 감시, 금언을 당하며/한평생을 감금실에서 살았다' 죽는 날까지 슬프고 서러운 세월을 살아간 것이다.

그들은 '발가락 빠진 발을 보고/손가락 빠진 손을 보며/이 병 낳으면 갈 수 있는 저곳//바다 건너 보이는 육지가/유토피아처럼 보여/그곳에/가는 날만 기다리며 살았다' 지금은 상황이 좀더 좋아졌겠지만 오래 전 그곳에서 병이 완치되어 육지로 나간다는 것은 거의 불가능한 꿈이었다.

'발가락 손가락' 이 빠져나가는 것을 보며 육지로 떠날 날만 기다리다가 목숨이 소진된 사람들. 이 시는 그런 뼈아픈 사람들에 대한 가슴 쓰린 현장 보고서이다.

김태경의 시들은 이처럼 티 없이 맑고 깨끗하다. 말하자면 그의 영혼이 순결하기 때문이다. 아름다운 진정성을 지닌 김태경의 시들이 날이 갈수록 더욱 빛나게 되기를 빈다.

– 2018 여름날

칠읍산자락 별내마을에서

계간문예시인선 139

김태경 시집 _ 하얀 박꽃

초판 인쇄 2018년 12월 10일
초판 발행 2018년 12월 15일

지 은 이 김태경
회 장 서정환
발 행 인 정종명
편집주간 차윤옥

펴낸곳 도서출판 **계간문예**
편집부 03132 서울 종로구 삼일대로 30길 21 종로오피스텔 1209호
주소 03132 서울 종로구 삼일대로 32길 36 운현신화타워 305호
전화 02-3675-5633, 070-8806-4052
팩스 02-766-4052
이메일 munin5633@naver.com
등록 2005년 3월 9일 제300-2005-34호
ISBN 978-89-6554-193-6 04810
ISBN 978-89-6554-118-9 (세트)

값 10,000원

이 도서의 국립중앙도서관 출판예정도서목록(CIP)은 서지정보유통지원시스템 홈페이지(http://seoji.nl.go.kr)와 국가자료공동목록시스템(http://www.nl.go.kr/kolisnet)에서 이용하실 수 있습니다. (CIP제어번호: CIP2018038618)